# LE ROI

ET

# LE PEUPLE EN FRANCE.

Imprimerie de MAUGERET, Libraire, rue du faub. Saint-Martin, n° 38.

# LE ROI

ET

# LE PEUPLE EN FRANCE,

OU

# COUP-D'OEIL

SUR LA NOUVELLE

## CONSTITUTION FRANÇAISE.



> L'Autorité Royale ne peut être affermie pour jamais en France que sur une juste division des pouvoirs et sur la liberté publique, seules garanties du bonheur et des intérêts de tous.
>
> *Discours de S. A. S. Monseigneur le Prince* DE BÉNÉVENT, *à* MONSIEUR, *Frère du Roi, le* 14 *avril* 1814.

PAR J. T. BRUGUIERE (du Gard),

Ancien Jurisconsulte et Directeur-Général de l'Académie de Législation, Membre de l'Académie de Turin, Directeur-Général du Canal de la Brillanne.

PARIS,

CHEZ JEULIN, LIBRAIRE, PALAIS-ROYAL, GALERIE DE BOIS, N°. 225;
MAUGERET, IMPRIMEUR-LIBRAIRE, RUE DU FAUBOURG-SAINT-MRRTIN, N°. 38.

20 AVRIL 1814.

# AVERTISSEMENT

## NÉCESSAIRE A LIRE.

En écrivant sur la nouvelle Constitution française, qui rappelle l'auguste famille des Bourbons sur le trône de ses pères, et rend la France à ses rois légitimes, il était difficile d'éviter une mention quelconque du Gouvernement qui vient de succomber avec son chef. Ce chef n'étant plus à craindre, j'avais une belle occasion de me venger des injustices qu'il m'a fait éprouver, sans considération pour des services utiles, et pour des écrits qui lui avaient été favorables, dans mon opinion qu'il n'agissait et n'agirait surtout que pour le bien-être de la France et la tranquillité des autres peuples ; mais rien n'est plus lâche à mes yeux que des attaques outrageantes contre les hommes extraordinaires, qui doivent étonner la postérité comme les contemporains, lorsqu'ils sont surtout dans l'impuissance de répondre ; lorsque, revêtus auparavant du souverain pouvoir, on les a loués, adulés, sans avoir eu le courage de leur adresser la moindre observation, et qu'on saisit le jour de leur chûte pour les accabler.

J'écris en présence des premiers Potentats de l'Europe, en présence de l'Europe armée, en présence de l'auguste famille des Bourbons, heureuse comme la France de la chûte de Napoléon. Devant cette réunion si imposante et sacrée je ne déguiserai pas ma pensée, pas plus que lorsque Napoléon avait en main la puissance, contre laquelle, peut-être seul, j'ai osé voter par des conditions sur les registres de la préfecture. Pour célébrer la gloire française, j'ai chanté cet homme extraordinaire, dont l'existence étonnante, inconcevable, sera à peine crue par la postérité : JE NE M'EN RE-

PENTS PAS. Si je voulais encore m'occuper de sa vie colossale, à côté de cent pages de blâme sur ses excès, sa tyrannie, ses persécutions, ses artifices, son manque de foi, ses violences, ses guerres injustes, sanguinaires, et le plus souvent fondées sur sa dévoratrice ambition; sur le deuil dans toutes les familles, le carnage dans toute l'Europe, la dégradation morale de ses plus illustres généraux, de ses compagnons d'armes; les proscriptions, les cachots, la violation de ses propres lois, l'avilissement, l'ébranlement de tous les trônes, l'asservissement de toutes les nations: tous les crimes enfin depuis quatre ou cinq ans; à côté, dis-je, de ces pages affreuses, j'écrirais cent autres pages d'éloges mérités avant cette époque. Je dirais qu'il a fallu l'Europe en armes et SURTOUT LUI-MÊME, pour le vaincre; qu'il a révélé au monde CE QU'EST ET CE QUE PEUT LA NATION FRANÇAISE, et que sans les trahisons de la nature, et par conséquent sans l'imprévoyance absurde, et une aveugle et gigantesque ambition, la France était invincible ; qu'il a fallu, pour la réduire, DES MOYENS QUE L'HISTOIRE SEULE POURRA JUGER: TOUTEFOIS ENCORE EN LA RESPECTANT, en lui donnant la paix pour l'obtenir, et remettant à sa tête une famille auguste, respectée et forte par la légitimité de ses droits à la couronne, et dont la présence, en rappellant des souvenirs de bonheur et d'infortune, et donnant de si grandes espérances, nous désarme et nous tiendra en paix bien plus que l'Europe armée. Je dirais que, par cet homme les enfans, les sujets des Bourbons, les Français enfin ont étendu leur domination depuis le détroit de Gibraltar jusqu'à la mer Baltique, depuis l'Océan jusqu'aux frontières de la Russie, depuis le Sund jusqu'aux confins de la Calabre et aux frontières de la Turquie; et qu'ils ont, imprudemment il est vrai, planté, malgré la haute bravoure des Slaves, leur bannière sur les tours du Kremlin, contre lesquelles Napoléon a été briser et anéantir sa puissance et son existence politique. Je n'oublierais pas surtout les monumens nombreux de grandeur et d'utilité publique, dont s'énorgueillissent la Capitale et d'autres contrées de la France, et enfin des codes, des lois dans toutes les parties. J'ajouterais qu'une existence aussi étonnante ne peut pas être l'objet de diatribes, de pamphlets éphémères autant que vils, et que les crimes qu'il faut condamner n'empêchent pas de rendre justice aux faits d'un homme qui a été l'allié de tous les trônes de l'Europe, le gendre de l'une des premières puissances, et un instant l'arbitre du sort des nations; qui a été décoré d'une couronne établie, créée par lui sur la mort de l'anarchie, des factions dévoratrices du trône légitime, et consacrée librement par le chef suprême de l'Église. Dans tous les cas, si je me permettais de prononcer sur un pareil phénomène, mon jugement serait réservé et motivé, pour ne pas insulter aux hautes Puissances qui l'avaient admis au rang de leurs semblables.

Cette explication m'a paru nécessaire pour justifier la franchise et la loyauté de mes opinions, et démontrer combien peu les événemens quelconques, quels que soient la joie et le délire délicieux qu'ils me font éprouver, peuvent changer mes idées sur les faits incroyables, dont le monde a retenti depuis environ quinze ans. La chûte des hommes célèbres, des têtes couronnées surtout, ne peut pas donner le droit de les outrager, mais seulement celui de les juger. Ma franchise est le plus pur hommage et la plus grande garantie que je puisse offrir de mes principes de fidélité à mon Roi légitime, et aux sublimes Puissances qui nous l'ont rendu, parce qu'elles l'ont cru nécessaire au repos non seulement de la France mais de l'Europe, et à la sécurité comme à la tranquillité de tous les Souverains. Abhorrons la tyrannie et l'ambition criminelle de Napoléon : *mais rendons-lui justice dans le bien dont nous profitons*, et ne l'outrageons pas sans discernement, lorsque sur-tout il n'est plus à craindre. Disons-mieux, il faut l'oublier, le surveiller jusqu'à son dernier soupir, l'abandonner à l'histoire, et ne nous occuper qu'à cicatriser les plaies profondes, qu'il a faites à la patrie comme à l'Europe entière.

Tous les écrits outrageans, incendiaires, dictés par l'intrigue, le mensonge, la vengeance, l'ambition deçue, qui depuis vingt jours ont inondé la Capitale, ont trop un air de famille avec ceux publiés depuis 1789 jusqu'en 1794, dont le souvenir me fait encore frémir! D'après eux, on dirait que, depuis vingt-cinq ans, nous n'avons été que des brigands, des assassins, sans gloire et sans honneur. Certes, je voudrais que ma nation se respectât davantage en présence de tant de Souverains augustes, qui au contraire daignent nous accorder leur estime; parce que, sans doute, ils n'attribuent pas à l'esprit public français les écarts et la légéreté de quelques folliculaires qui, pour la plûpart, ont encensé, adulé Napoléon dans sa puissance, et ont sollicité bassement de lui ou obtenu des places et des bienfaits. Oublions-le, je le répète en présence de notre Roi légitime, et allons porter aux pieds des autels nos regrets et nos repentirs sur la mort horrible, infamante pour nous, du meilleur, du plus vertueux des Rois, assassiné à la voix, à l'instigation des folliculaires, ainsi que notre joie et notre reconnaissance sur le retour miraculeux de son auguste famille, dont la bonté, le bon esprit et l'expérience de tant d'infortunes, nous promettent des jours tranquilles et heureux.

# LE ROI

## ET

## LE PEUPLE EN FRANCE.

CE n'est pas aux volontés individuelles de trente ou quarante millions d'hommes qu'il faut demander des lois pour régir un grand peuple. Un petit nombre d'individus, versés dans l'art si difficile de gouverner, et choisis par ce peuple comme arbitres de ses destinées, peut et doit élever l'édifice social, dont le chef est ensuite chargé d'embellir et de conserver la construction.

Pour que les fondemens constitutifs soient solides, impérissables, il faut que leurs auteurs soient forts et indépendans ; il faut que celui qui est chargé de l'exécution des plans, ne puisse pas s'en écarter ; il faut aussi, s'il s'en écarte, que les auteurs et leurs descendans soient assez puissans pour le retenir et le ramener aux bases primitives ; il faut enfin que lui-même puisse, par des prérogatives fortes, agir sans entraves ni contradictions opposées aux bases du pacte social. Sans cette garantie respective, l'édifice peut s'écrouler, n'offrir que ruines et confusion, que des déchiremens et des discordes civiles, et bientôt la hideuse anarchie.

Je m'étais persuadé que l'expérience de vingt-cinq ans avait éteint en France tout dissentiment sur la nécessité d'adopter enfin un gouvernement représentatif, dont les pouvoirs bien balancés pussent en assurer et la bonté et la durée; que les passions, éteintes par les cruels souvenirs qu'elles ont laissés parmi nous, permettraient aux hommes illustres, qui, sous l'égide de la magnanimité la plus touchante comme la plus inespérée d'un grand Monarque offensé, ont saisi sans convulsions et sans trouble les rênes d'un Gouvernement provisoire, de jetter sans opposition les bases d'une constitution qui, en ralliant tous les esprits, et satisfaisant toutes les ambitions sans s'écarter de la justice, ferait taire les prétentions individuelles de l'égoïsme, et rattacherait tous les cœurs à un pacte social, également conservateur de la liberté, de la sûreté du peuple, et de la puissance comme de l'honneur du trône. Je m'étais bien attendu surtout qu'une garantie, précieuse par sa force, limiterait le pouvoir du trône, toujours envahissant par sa nature ; et que la balance entre la puissance de la représentation nationale et celle du Souverain, les rendrait tellement égales et distinctes, quoique liées dans leur but, que l'une serait enfin indépendante de l'autre, qu'elles se prêteraient un mutuel soutien, et qu'elles ne pourraient plus s'entre-détruire.

J'examine le projet de constitution présenté par le Gouvernement provisoire, sous la protection des Monarques libérateurs et de l'Europe armée, pour donner enfin la paix à tous les peuples, et la sûreté à tous les trônes; sûreté, disons-le hautement, comme une grande vérité politique, qui ne peut être consolidée que par le sort de la France, où l'opinion, les lumières, la bravoure, l'attachement à l'honneur national, exigent, pour la garantie des autres nations, qu'elle soit conservée dans des limites convenables autant que légitimes; qu'elle soit grande et forte, et que le pouvoir de son Roi y soit sagement balancé par celui du peuple; comme le pouvoir représentatif du peuple, par celui du Roi.

Cet acte constitutionnel, adopté par le Sénat et par le Corps-Législatif, m'a paru réunir tous ces avantages; et cependant j'entends déjà, je lis même des diatribes, des diffamations que les perturbateurs éternels du repos de la France, osent proférer et distribuer clandestinement pour corrompre l'opinion et verser le mépris sur les auteurs de ce nouveau pacte social, sans égard pour les hautes Puissances sous les yeux desquelles il a été médité et publié.

Je reprends la plume, malgré la résolution où j'étais de ne plus me mêler de discussions politiques. Indépendant des hommes et des choses, je me suis permis, depuis vingt-cinq ans, de louer ou de blâmer dans ce qu'ils ont fait de bien ou de mal, les différens Gouvernemens qui nous ont régis; et mes opinions ont été telles, que la persécution n'a jamais osé m'attaquer. Aucune Puissance en effet n'a jamais eu et n'aura jamais des motifs légitimes de blâmer mes opinions respectueuses autant que libres, bienveillantes autant que fortes, et qui démontrent que le bonheur, la tranquillité, la garantie des libertés de mes concitoyens autant que l'honneur, la grandeur et la puissance du Souverain, sont ma première et principale intention.

Je n'écris ni pour les Bourbons, ni pour les Républicains, ni pour Napoléon; j'écris pour mon pays, que l'immortelle famille des Bourbons est de nouveau appelée à gouverner. Les peuples en effet ne sont pas faits pour les gouvernemens, mais bien les gouvernemens pour les peuples. J'ai chéri, adoré pour ainsi dire, les Bourbons dans les vertus de l'infortuné Louis XVI, et de plusieurs de ses prédécesseurs. J'ai été soumis au gouvernement impérial; j'ai célébré la gloire qu'il avait acquise aux armes françaises; le cœur même est resté longtems uni à l'enthousiasme, parce que l'homme du dix-huit brumaire avait arraché mon pays à l'anarchie; qu'il avait raffermi les trônes de l'Europe, en relevant celui de France, et que dans des monumens, dans des travaux et des établissemens utiles, autant que dans nos camps, des caractères d'une grandeur réelle avaient, pendant un tems, répandu la tranquillité, la splendeur et la sûreté individuelle et commune sur la France, qui enfin avait recouvré son indépendance, son honneur et l'estime comme la confiance des peuples et des trônes de l'Europe : *avantage dont elle a joui pendant plusieurs années, et jusqu'à l'abus de cette même gloire qui a détruit elle-même les prospérités qu'elle avait établies*, *et menacé de leur chûte ou du déshonneur tous les trônes qu'elle avait un instant consolidés, en abattant l'hydre révolutionnaire.*

Que d'événemens depuis quelques jours! la pensée a peine à les concevoir. Le gouvernement impérial avait paru jusqu'alors un colosse inébranlable; reconnu, consolidé, estimé même, pendant un tems, par les hautes Puissances européennes, tout semblait lui promettre une longue durée; et sa chûte a été dans quelques jours l'œuvre de son fondateur lui-même. Un aveuglement inconcevable, une opiniâtreté absurde autant que cruelle, l'abus le plus révoltant de la gloire et des moyens de la France, ont fait écrouler en un instant un trône qui paraissait être le plus puissant du monde. J'ai entendu sous les murs de Paris les foudres de la Néva, que celui qui nous gouvernait avait provoqués et attirés sur nos têtes. Tremblant pour ma patrie, d'après les injures qu'Alexandre avait à venger, j'ai vu après quelques heures de combat, le cœur navré de douleur, des soldats du nord de l'Europe, ayant encore le titre d'ennemis, entrer triomphans dans la capitale de la France. Mon cœur gémissait sur la perte de l'honneur national. Quel allait être notre sort! si ce n'est l'esclavage, la destruction de nos monumens et de nos musées!..... Loin! loin d'Alexandre une pareille supposition! à l'instant même je suis rassuré; les vainqueurs ne sont pas des ennemis; ils n'ont pas prétendu conquérir Paris ni la France; ils n'ont voulu que lui apporter la paix et le bonheur qui la suit toujours! Une magnanimité dont l'histoire n'offre pas d'exemple, distingue toutes les actions, toutes les démarches du Potentat des Russies. Une haute estime éclate pour le peuple français; Alexandre déclare que ce peuple est mis sous sa protection, et QU'IL PEUT SE DONNER LE GOUVERNEMENT QUI LUI CONVIENDRA! La générosité, l'amour des arts, l'admiration même pour les talens que la France possède, éclatent dans tous ses discours. Le Sénat s'assemble, un Gouvernement provisoire, fort en naissant, par les principes des hommes qui le forment, et surtout de son illustre président, rassure tout, recompose tout sans aucun passage convulsif; et un nouveau pacte social fixe les destinées de la France, rappelle au trône réédifié sur des lois libérales la dynastie auguste des Bourbons, qui semblait naguères voir toutes ses prétentions sans espoir, si Napoléon eût été sage dans son ambition..... Et tous ces grands événemens, tous ces prodiges sont l'œuvre de quelques jours! et c'est le Souverain des Russies, qui règne sur un peuple esclave encore en partie, qui ne connaît dans son empire d'autre loi que sa volonté, qui dit à nos Législateurs : ASSUREZ LE BONHEUR D'UN GRAND PEUPLE, PAR DES INSTITUTIONS LIBÉRALES !!!

Eh bien! le vœu du magnanime Alexandre a été rempli. Le Gouvernement provisoire a présenté un projet de constitution au Sénat; le Sénat l'a adopté et fait publier; et aussitôt le Corps-Législatif, toutes les autorités et les corporations de la Capitale, tous les militaires, toutes les autorités, toutes les corporations des pays qui ont pu en avoir connaissance se sont empressés d'y adhérer. Cet acte a déjà donc reçu l'assentiment d'une grande partie de la France, et avant huit jours il en deviendra le vœu général. D'où peuvent donc provenir ces cris incendiaires d'opposition? et pourquoi surtout, sans discuter le mérite de cet acte, reconnu déjà solennellement par l'auguste frére du Roi, au moment même où on lui remettait la puissance en main, s'attache-t-on à dénigrer, à diffamer ses auteurs? Ne sont-ce pas encore quelques-uns de ces esprits inquiets, qui n'étant ni sénateurs, ni fonctionnaires, ni sans doute porteurs d'un nom honoré, puisqu'ils ne se font pas connaître, pas même par le nom d'un imprimeur, veulent encore semer parmi nous la discorde, que la présence de l'auguste famille des Bourbons doit enfin éteindre à jamais, d'après l'expérience cruelle qu'elle a faite de ces divisions affreuses, dont le plus respectable de ses Rois a été la déplorable victime; d'après surtout ce cri sublime, parti du cœur de l'illustre frère du Roi : PLUS DE DIVISIONS ENTRE NOUS, NOUS SOMMES TOUS DES FRÈRES!

Mais voyons cet acte, ce pacte social entre le Peuple et son Roi, accueilli déjà et approuvé par l'auguste frère de LOUIS XVIII, à la face de l'Europe armée tant pour ses intérêts que pour ceux du peuple français; voyons-le surtout dans les dispositions qu'on attaque.

D'abord on prétend qu'il a eu pour auteurs des étrangers qui n'ont, dit-on, aucune connaissances des mœurs françaises. Les motifs de cette accusation sont assez bizarres. Ils sont sans doute naturalisés en France, ces hommes honorables, puisqu'ils y siègent comme sénateurs ; ils sont par conséquent français, s'ils ne se démettent pas de leur titre, et propres à parvenir comme tous les autres à toutes les places, à toutes les dignités. Pourquoi n'auraient-ils aucune connaissance des mœurs d'un pays qu'ils ont adopté pour patrie? Ne doit-on pas au contraire supposer qu'ils ont bien connu ces mœurs, qu'ils les ont estimées; puisque tous ayant déjà une existence honorable et une fortune acquise, sont devenus français? Pourquoi ensuite supposer que des étrangers, qui ne le sont plus pour nous, ne sont pas instruits de nos mœurs autant que nous, n'ont pas autant de lumières que nous, ne sont pas aussi versés que nous dans la législation et la connaissance des mœurs des peuples? Il en est des affaires politiques, comme de celles des particuliers: souvent un étranger les juge mieux, les répare mieux que les intéressés eux-mêmes. L'histoire répètera ce que les contemporains publient déjà avec autant d'enthousiasme que de reconnaissance: qu'un Monarque du nord a mieux connu que nous, relativement au midi de l'Europe, ce qui convenait à la France; et je demanderai si aucun Français eut mieux agi en effet, mieux jugé le régime libéral qui convenait au caractère et aux mœurs des Français, que l'Empereur Alexandre?

On prétend que cette constitution ne s'occupe pas même des prérogatives royales. Ce n'est pas par des dispositions étendues que ces prérogatives auraient reçu plus de force, d'éclat et de prépondérance. La constitution est déclarée monarchique : elle est donc comme elle a toujours existé sous les Bourbons, quoique absurde alors, incohérenteet trop ouverte à l'arbitraire. Elle était cependant tempérée comme aujourd'hui ; elle n'a jamais été absolue. Le peuple était jadis représenté par les Parlemens et par les Etats-généraux; il l'est aujourd'hui par le Sénat et le Corps-Législatif. Les Rois guerriers et surtout conquérans ont seuls bravé cette représentation, comme l'a fait Napoléon. Louis XIV entra tout botté et le fouet à la main au Parlement, pour y faire exécuter ses volontés ; et certes, quel que fut le mérite éminent de Louis XIV, la réunion des lumières du Parlement pouvait le balancer. Napoléon, s'il eût été contrarié par le Sénat, eût sans doute employé le même outrage pour être obéi. Car il est reconnu que tout Prince conquérant devient despote, se prétend le maître du peuple qu'il croit n'exister que pour lui, et viole toutes les lois, tous les principes, essaye de toutes les tirannies pour asservir ceux qu'il ne doit cependant que gouverner et rendre heureux. Certes, si le Parlement et le Sénat eussent été plus indépendans, Louis XIV et Napoléon eussent mieux respecté les droits du peuple.

La constitution, disent les libellistes, ne s'occupe pas même des prérogatives royales.

Le Roi des Français, dit cette constitution, doit être inviolable, indépendant et sacré: première prérogative. Mais il doit avoir la loi pour maître, comme le peuple lui-même. La loi est l'arbitre suprême entre le peuple et lui. Le Roi et le peuple doivent avoir un pouvoir égal d'empêcher et de réprimer toute violation de la loi, seule souveraine suprême des volontés et des actions de l'un et de l'autre.

Un Roi, pour qu'il puisse faire le bien, doit avoir pour sa famille l'hérédité du trône. Cette hérédité est la garantie du respect et de l'obéissance de son peuple. Cette disposition est encore renfermée dans l'acte constitutionnel proposé: deuxième prérogative royale. L'auguste famille des Bourbons est donc assurée de la possession perpétuelle de ce trône qu'elle a tant illustré.

Le Roi doit concourir à la formation des lois. Il doit même avoir le droit de les proposer; parce que l'action du pouvoir lui donne la connaissance plus particulière des besoins du peuple, et de l'administration publique; et c'est ce que veut encore la constitution proposée : troisième prérogative royale. Certes, le Roi ne peut et ne doit pas faire la loi seul : il n'a pas le pouvoir absolu. Les Rois de France ne l'ont jamais eu, et Louis XVIII est trop sage, ainsi que son auguste famille si libérale, pour y prétendre.

La constitution proposée a été plus loin pour les droits du trône. Elle rend la sanction du Roi NÉCESSAIRE, quand peut-être elle n'aurait dû être que suspensive si elle était refusée ; car le peuple n'a plus de garantie contre cette sanction NÉCESSAIRE, et par conséquent souveraine : quatrième prérogative royale, des plus puissantes, et qui étonne même les bons esprits, puisqu'elle donne en quelque sorte au trône le pouvoir absolu.

Le Roi peut suspendre le Corps-Législatif et même le dissoudre : cinquième prérogative royale, non moins puissante mais bien précieuse, tant pour la tranquillité publique si des esprits inquiets, des orateurs téméraires osaient la troubler, que pour la sûreté du trône si ces mêmes hommes se permettaient d'attaquer le respect, le dévouement, l'obéissance qui lui sont dûs, et l'indépendance qui lui est si nécessaire.

Les princes de la famille royale et les princes du sang sont de droit membres du Sénat : sixième prérogative royale. Le Roi, par l'influence naturelle qu'exercent sur les esprits et sur les cœurs le respect et la confiance qu'inspirent les vertus de sa famille, peut donc par eux diriger habilement les opinions, les ranger à ses vues, et maîtriser pour ainsi dire les dispositions de nos lois.

Enfin le Roi a la nomination des membres du Sénat : septième prérogative royale qui lui donne le moyen de composer ce Sénat de ses partisans, et le rend plutôt le délégué du Roi que le délégué du peuple.

Comment donc ose-t-on prétendre que la constitution proposée ne s'occupe pas même des prérogatives royales, lorsqu'au contraire celles qui sont établies pourraient devenir dangereuses sous un Roi qui voudrait en abuser ? Certes, à côté d'un pouvoir semblable, d'un pouvoir presqu'absolu, il fallait donner à la représentation nationale un pouvoir égal et tellement indépendant et fort, que ces mêmes prérogatives si puissantes pussent être pondérées et contenues dans leurs écarts ; et nous verrons bientôt si la constitution a bien établi cette balance conservatrice. Je dois dire avant que les auteurs des libelles clandestins, qui ne veulent que troubler et diviser, prétendent ailleurs que la constitution ne s'occupe pas non plus du peuple et de ses intérêts, et c'est là que je vois la malveillance, l'intrigue, le crime d'écrivains qui veulent opposer le trône au peuple, et le peuple au trône, pour les diviser, les détruire l'un par l'autre, et appeler de nouveau l'anarchie et tous ses forfaits. En effet, si la constitution ne donne pas assez de prérogatives au trône, c'est qu'elle a trop attribué aux représentans du peuple; et si elle ne s'est pas occupée des droits du peuple, c'est qu'elle a donné tout le pouvoir au Roi: car elle s'est nécessairement occupée de l'un ou de l'autre.

Les libellistes clandestins qui s'intitulent hardiment les FRANÇAIS, ont prévu cependant cet argument, et ont prétendu que le Sénat avait tout pris et tout gardé pour lui et le pouvoir et la fortune publique, et que par conséquent il n'avait rien fait ni pour le Roi ni pour le peuple. Si par une discussion aussi bienveillante qu'éclairée ils eussent démontré ce fait, ils auraient pu se faire écouter: mais dans leurs diatribes, une accusation outrageante remplace les démonstrations et le raisonnement. Je ne répéterai pas cette accusation déplacée aumoins, quand même elle serait vraie. Je me bornerai à dire que si le Sénat a mérité quelque blâme, pour n'avoir pas résisté aux volontés arbitraires de Napoléon, il a tout mérité de la patrie, en prononçant sa déchéance, tandis qu'il était encore avec une armée sous les murs de Paris; en nous évitant la guerre civile par la dissolution de cette armée, que cet acte courageux a provoquée; enfin en donnant aux hautes Puissances alliées tous les moyens d'agir librement dans l'exécution de leurs desseins, pour nous rendre la famille auguste des Bourbons, sans déchirement et sans aucune perte nouvelle d'un sang qui leur est si précieux. Je ne vois donc dans les accusateurs que l'intention d'avilir gratuitement les auteurs de l'acte constitutionnel, qui ont facilité le repos de la France et de l'Europe; et sans m'arrêter à leur diffamation, je m'attacherai à démontrer que la constitution proposée, garantit les droits et les libertés du peuple, autant que les prérogatives du trône.

Le Gouvernement monarchique tempéré fut toujours considéré comme un Gouvernement paternel. Il a toujours rendu les peuples heureux, tant que le Monarque n'a pas été guerrier-conquérant, et entraîné à abuser du pouvoir par l'ascendant de la gloire militaire conquérante. La constitution, implicitement sans doute, a prévu ce cas, si toutefois, comme l'expérience sanglante l'exige, les déclarations de guerre ne peuvent avoir lieu qu'en vertu d'une loi. Toute loi en effet doit être formée par le concours du Roi, du Sénat et du Corps-Législatif. Le Sénat et le Corps-Législatif pourront donc s'opposer à une guerre injuste ou inutile, dangereuse et sans avantage par ses causes comme dans ses effets. Ils pourront s'opposer surtout à une guerre conquérante, dont les prospérités ne sont le plus souvent que passagères autant que dangereuses, et doivent être considérées en général plutôt comme un brigandage que comme une vraie gloire; ils pourront enfin s'opposer à toute loi, à tout acte de l'autorité qui violeraient les bases constitutives du pacte social, ou qui léseraient les intérêts et les libertés du peuple. L'indépendance du Sénat et du Corps-Législatif assurent leur force d'opposition, parce que ni l'un ni l'autre n'ayant pas besoin des bienfaits du trône, ils seront moins influencés.

C'est pour assurer cette indépendance du Sénat, et la perpétuer pour la garantie du peuple comme pour celle du trône, si le Corps-Législatif ou des factions quelconques osaient la violer, que la dignité de Sénateur a été déclarée héréditaire, et que les membres actuels, pour honorer cette dignité, et en rendre l'indépendance impérissable, conservent leur dotation actuelle, et la propriété des Sénatoreries transmissibles à leurs enfans, héritiers à la fois et de la dotation et de la dignité. L'hérédité reconnue essentielle autant qu'avantageuse à l'ordre public, eût été en effet dérisoire sans la transmission des dotations. Les besoins eussent mis les successeurs des membres actuels à la discrétion du Roi, et, ce qui eût été plus dangereux encore, au pouvoir de toute faction puissante par la fortune. Il fallait éviter ce double écueil; autrement plus d'indépendance, plus de garantie pour les libertés du peuple, comme pour les prérogatives du trône. C'est là cependant le grand grief des libellistes qui en font un objet d'outrage, avant d'en avoir médité l'intention et les avantages pour la patrie. Cette dotation, qui au premier abord n'a paru qu'une disposition financière, appartient cependant à une pensée libérale pour garantir l'ordre public, et on en fait un objet d'accusation indécente. Certes, la nomination des futurs Sénateurs, qui est attribuée exclusivement au Roi, présenterait assez de danger pour l'avenir, si la sagesse ne présidait pas au choix. Bientôt les nominations formeront la majorité si le Roi veut completter le nombre de deux cents ; alors le Roi pourra maîtriser les délibérations de ce corps si important pour défendre et conserver les droits et les libertés du peuple; et certes les corps électoraux auraient dû peut-être avoir part à la nomination d'une portion de Sénateurs. Si, sous le Gouvernement de Napoléon, la dignité eût été indépendante et héréditaire, le Sénat eût osé lui résister; mais cette dignité était seulement à vie, et à la disposition du chef de l'Etat. Celui qui par sa seule volonté faisait tout mouvoir, pouvait tout violer, tenter même de tout renverser par la force dont il a tant abusé; et le besoin d'assurer le repos de l'intérieur, ou dumoins de ne pas le compromettre, a nécessairement retenu souvent les Sénateurs, et tué leur opposition aux volontés d'un homme absolu par caractère, violent, emporté dans les contrariétés, et dont la puissance colossale ne voulait plus rencontrer d'oppositions, sans faire des victimes : vérité que ses alentours lui ont toujours cachée; abus criminel de la puissance et de la gloire, que depuis quelques années ces coupables alentours avaient dirigée vers la plus affreuse tirannie, en préparant la perte d'un homme extraordinaire, qui avait prouvé par quelque grandeur qu'on pouvait rendre son pouvoir plus utile, et surtout moins dangereux.

L'inviolabilité des membres du Sénat n'est pas moins précieuse pour la garantie du peuple. Les opinions seront libres, lorsque les Senateurs, ainsi que le Corps-Législatif, n'auront pas à redouter les entreprises arbitraires du pouvoir exécutif, ni pour leur personne, ni pour leur fortune. Le Sénat et le Corps-Législatif jugent même leurs membres, et ils peuvent les juger avec plus d'équité, parce que les relations particulières et de confiance, leur donnant la connaissance positive des principes et des mœurs de chaque membre, le jugement n'en sera que plus éclairé, mieux motivé, et plus juste.

Continuant à discuter les droits du peuple, pour prouver que la constitution proposée ne s'en occupe pas moins que de ceux du trône, je vois l'ancienne noblesse rétablie, et la nouvelle maintenue : mais je n'y vois que leurs honneurs et leurs titres, juste récompense des services, et non les droits et les privilèges qui ont servi de cause à nos discordes civiles. Je vois l'égalité des droits pour tout citoyen Français, l'égalité pour l'impôt, et la prévoyance la plus sage en ne l'établissant que pour un an; le même droit pour tous et chacun d'arriver à toute place et par conséquent à tout honneur et à toute récompense: ce qui rend tous les Français une même et seule famille. Je vois des comptes annuels qui feront connaître l'emploi des deniers publics; et surtout la responsabilité des ministres, qui compense l'inviolabilité du Roi.

Avec l'indépendance judiciaire, je vois en outre chacun libre de suivre sa conscience et ses idées religieuses dans le culte qu'il a adopté, ou que lui ont transmis ses pères; libre d'émettre son opinion par la presse, avec la sage répression de l'abus qu'il pourrait en faire; tranquille sur toute opinion qu'il aurait pu émettre sur les différens régimes précédens; tranquille enfin sur sa propriété démontrée par le contrat public et légal, quelle que soit son origine.

Enfin cette constitution n'est presque point un changement, une innovation. Tout est conservé, maintenu, respecté dès qu'il appartient à la foi des traités et des conventions légales, à la foi publique. Les lois existantes gardent leur empire; l'administration publique, ses ressorts La sagesse, la prévoyance des besoins et du bien public, n'auront qu'à perfectionner. Rien n'est renversé; tout est fait et marche. Le Roi n'a plus rien à créer que ce que j'indiquerai ailleurs relativement aux omissions de la constitution: il n'a que le bien à faire ! belle, grande et précieuse perspective, présentée à la bonté éprouvée et presque divine de l'auguste famille des Bourbons ! heureux avenir qui se prépare pour la France, jusqu'à ce jour inquiette sur le sort de ses enfans et de sa fortune ! Ah ! c'est bien à présent que la royauté est pour cette auguste famille le temple du bonheur et de toutes les prospérités ! Que de jouissances sont offertes à sa magnanimité, à sa tendresse reconnue pour le peuple, dont elle a éprouvé longtems le dévouement jusqu'aux jours de douleurs, où les caméléons, les intrigans, les libellistes, qui reparaissent aujourd'hui sous un autre masque, l'ont égaré par des illusions trompeuses et coupables !

Je crois avoir démontré que la constitution proposée s'occupe (toutefois dans les dispositions qu'elle contient) autant des intérêts du peuple que des prérogatives royales. M'est-il permis maintenant, puisqu'elle n'est pas encore acceptée, de dire, sans prétendre attenter à la puissance du trône, que des omissions importantes y ont été faites sur plusieurs points essentiels, et qui intéressent les libertés de la patrie. Certes, je ne veux pas aller aussi loin que la nouvelle constitution espagnole, qui ne veut pas que le peuple soit sujet du Roi, mais seulement de la loi : disposition du reste fondée sur le principe éternel que les peuples ne sont pas des troupeaux, ni des esclaves ayant des maîtres, mais seulement des chefs, ne pouvant agir qu'en vertu des lois, SEULES SOUVERAINES. Quelque chose qu'il m'en ait coûté pour me dire sujet de Napoléon, après avoir vu verser tant de sang, pour effacer cette qualité qui contrarie un peu la dignité de l'homme, ce sera cependant sans peine que je me dirai le sujet d'un Bourbon, régnant au nom de la loi, sauve-garde des Rois comme des peuples. Je suis né d'ailleurs avec cette idée, à laquelle mon éducation m'a familiarisé, et il ne m'en coûtera jamais à reprendre mes premières habitudes envers une auguste famille caractérisée par tant de bonté, illustrée par tant de glorieux souvenirs. Je regarderai mon Roi comme un père, et j'échangerai, par une douce allusion, le titre de fils en celui de sujet. Mais qui me garantit que tandis que par la constitution je ne serai que le sujet de Louis XVIII, qui aura juré de la maintenir, je ne deviendrai pas l'esclave de Louis XIX ou de tout autre, son successeur, si cette constitution est renversée, et s'il ne veut pas jurer aussi de la maintenir. La constitution ne l'exige pas en effet, elle n'y oblige que Louis XVIII; première omission assez importante. Il n'est pas dit non plus si Louis XVIII, même en acceptant cette charte, mettra en tête de ses actes: *qu'après Dieu*, *il règne par la constitution* : objet sur lequel la sagesse du Roi prononcera, d'accord avec la représentation nationale.

Où est ensuite cette liberté individuelle, si bien garantie par les précédentes constitutions, et sur laquelle la nouvelle charte garde un profond silence? Je pourrai donc être arrêté, gémir dans les cachots, et ne pas obtenir d'être jugé? Aucune disposition en effet, ne me garantit de cette entreprise du pouvoir suprême, et de son moindre agent. En vain, je réclamerai auprès de cette commission sénatoriale, qui doit garantir la liberté individuelle: quelle sera sa règle? La constitution de l'an VIII, voulait que je fusse interrogé dans les vingt-quatre heures de mon arrestation, et mis en jugement ou en liberté dans la huitaine : et malgré cette disposition précise, combien d'individus n'ont-ils pas été détenus pendant plusieurs années? n'ont-ils pas été exilés, déportés par la haute police du trône, sans pouvoir en connaître les motifs, sans que cette commission sénatoriale, chargée de défendre la liberté de chacun, fît aucun acte en faveur des victimes d'une atroce tyrannie, d'un arbitraire odieux? Que sera-ce aujourd'hui que la constitution ne garantit que la liberté individuelle des Sénateurs et des Législateurs, et abandonne le malheureux peuple à la discrétion du pouvoir exécutif, et de toute autorité quelconque, sans aucun moyen de pouvoir en réprimer l'excès? Où est l'*habeas corpus* que la similitude de cette constitution avec celle de l'Angleterre, aurait bien dû nous accorder? Seconde omission réellement déplorable, et qui ne répond guère au régime libéral, sous lequel on prétend que nous allons vivre.

Qui sera chargé de l'éducation de l'héritier du trône? qui obtiendra la régence, en cas de minorité? Le Roi pourra-t-il quitter ses états à son gré? aller encore à Vienne, à Berlin, à Moscou? y faire égorger nos enfans, ou nous y préparer des fers dans quelque conciliabule diplomatique, ou y aller prodiguer, dissiper les trésors de l'état dans quelque fête politique ? Quelle est l'autorité qui le lui permettra, ou qui pourra l'en empêcher ? Troisième omission non moins sérieuse.

Le Roi pourra-t-il accorder des priviléges à la noblesse, tant ancienne que nouvelle, dont le rétablissement ou la conservation sont avantageux pour satisfaire l'orgueil et les ambitions, ranger et rattacher les esprits à l'auguste famille des Bourbons ; mais qui, peut-être, n'eût dû être que personnelle, pour ne pas la rendre ridicule dans le siècle émancipé où nous vivons, jusqu'à la rétablir héréditairement, quand même le fils d'un grand homme ne serait qu'un sot ou un fripon ? Quatrième omission presque coupable, car la constitution n'autorise pas l'institution des priviléges, mais elle n'interdit pas au Roi de les rétablir.

Il serait trop long d'énumérer ici tant d'autres omissions qui peuvent compromettre visiblement les libertés du peuple, si le Roi voulait en abuser.

On me répondra que l'exemple de Napoléon est là, pour faire trembler tout abus des pouvoirs; mais alors chaque génération sera donc obligée d'avoir sa révolution. Dans un pays où l'indifférence tient de si près à l'enthousiasme, et où la révolte, d'après la connaissance que chacun a de ses droits, peut à chaque instant réveiller cette indifférence, devait-on négliger d'enchaîner toutes les volontés par une charte prévoyante sur tous les points? Sont-ce des lois organiques proposées par le Roi, qui pourvoiront à ces omissions? Mais où nous ont conduits ces lois organiques, proposées par Napoléon, et adoptées par le Sénat, nommé cependant en majorité par le peuple, et par conséquent plus indépendant de Napoléon? Au despotisme. Où nous conduiront ces lois organiques, proposées à un Sénat qui va bientôt représenter le Roi, bien plus que le peuple, puisque les Sénateurs sont à la nomination du Roi? Certes, encore au despotisme bien plus facilement qu'auparavant; lorsque surtout il arrivera que le Sénat sera composé de jeunes ambitieux écervelés de vingt-un ans, ou d'idiots, d'hommes faibles et rampans, héréditaires.

Je viens de parler de la nouvelle constitution, comme si elle devait être acceptée par le Roi; je n'en ai défendu les bases que dans cette confiance; cependant je la défendrais auprès du Roi lui-même, si, comme nos folliculaires l'avancent hardiment, le Roi voulait la rejetter, et s'asseoir sur le trône, tel qu'il existait avant 1789, et je me trouverais alors le défenseur du Roi lui-même, de son auguste famille rappelée comme la plus digne de nous gouverner : je la préviendrais en sujet dévoué, qu'elle marche au trône sur des lames de rasoir, si au lieu d'accepter au moins les bases de cette constitution, pour la faire exécuter loyalement, il avait l'intention secrète de nous dicter des lois à son gré, en renversant totalement l'œuvre publié par le Sénat.

LE SENAT! tout ce que je lis, tout ce que j'entends contre ce corps, sans aucune considération pour l'accueil magnanime que l'Empereur Alexandre a fait à ses actes, en accordant en leur faveur la rentrée de plus de deux cent mille prisonniers, qu'une guerre sans sagesse, sans combinaison et sans prévoyance, a mis dans ses mains, ne m'inspire que de la pitié, que je partage avec l'auguste famille elle-même, avec les sublimes Puissances qui nous l'ont rendue, et qui veulent consolider son existence et son honneur, autant que la tranquilité de la France et celle de l'Europe. Ceux-là sont des fauteurs de divisions, de troubles et d'anarchie qu'ils favorisent à grands cris, qui prétendent qu'on n'a pas dû présenter sur l'heure une constitution aux Bourbons, en les rappellant. Si on eût formé une nouvelle assemblée constituante pour traiter avec cette auguste famille, on eût exposé la patrie a être la proie des factions; on ne se fût pas entendu, et la France eût éprouvé une nouvelle secousse non moins terrible, non moins sanglante peut-être que les précédentes, car Napoléon était encore LA, et que ses partisans qu'il fallait dissoudre étaient nombreux et forts. Si la maison des Bourbons eût elle-même proposé un pacte social, on l'eût accepté sans doute en présence des bayonnettes des étrangers; mais on n'eût pas manqué de crier à la violence, à la tyrannie; on se fût cru autorisé à pouvoir protester contre, dans tous les tems. La France n'eût jamais été tranquille, quelle que fût la sagesse de cette constitution. Il n'y avait, je le dis hautement, que le Sénat qui pût en présenter une, non que je pense que son pouvoir soit bien légitime sur cet objet; puisque le Gouvernement impérial, dont il fesait partie, le réduisait à la nullité par sa chûte: mais parce que la nature des événemens le voulait ainsi, parce que lui seul dans ce moment pressant, pouvait se permettre de s'interposer pour le peuple, et d'interpréter ses intentions en se portant fort pour lui. Que l'on vomisse des injures, des accusations dans tous les genres contre ce Sénat : il a été toujours facile d'accuser. Il a une réponse bien simple à faire, et dont la vérité est démontrée : AU DEUX AVRIL J'AI SAUVÉ LA PATRIE !!! Telle fut la réponse de Cicéron à ceux qui l'accusaient. L'entrée des Alliés libérateurs dans Paris établissait la guerre civile. Napoléon, avec son génie et une armée nombreuse que des milliers de mécontens pouvaient grossir, était encore aux portes de Paris. Un seul moyen pouvait le paralyser : c'était sa déchéance et celle de sa famille. Quelle autorité pouvait légalement la prononcer, cette déchéance ? C'est ce que mon amour pour ma patrie ne me permet pas de mettre en discussion. Le Sénat était là ; il était encore le premier corps de l'Etat, il a dû se charger courageusement de prononcer cette déchéance, que lui seul pouvait rendre imposante et utile pour dissoudre l'armée existante, pour empêcher une nouvelle de se former, pour provoquer la réunion de tous les esprits, de toutes les ambitions, de tous les intérêts. Je n'examinerai pas si la mesure est régulière, mais je soutiendrai hautement qu'elle a sauvé la patrie ! Je n'examinerai pas non plus si le Sénat avait le droit bien fondé de nous donner une nouvelle constitution ; mais je prétends que lui seul dans ce moment pouvait en jeter les bases, et qu'en déclarant que la famille des Bourbons était rappellée pour remonter au trône, il a encore sauvé l'Etat ! Toute autre famille n'eût pas pu réunir les suffrages ; en rappelant celle des Bourbons, il n'a fait qu'interpréter le vœu secret du peuple: toute autre démarche eut été fatale : des déchiremens eussent été le résultat inévitable, autant que sanglant, d'une semblable faute. Je le répète en homme d'état, le Sénat a dans un seul jour sauvé deux fois la patrie, en ôtant le pouvoir à la dynastie de Napoléon, et en rappellant celle des Bourbons, qu'il en eût le droit, ou non. Les événemens et les circonstances sont au fond les grands moteurs du sort des peuples et des trônes, comme les régles de conduite de la politique; et je regarde comme le cri de la déraison ou de l'ignorance, ou du crime, toutes les diatribes que chaque jour voit naître contre le Sénat, dont on devrait pourtant apprécier le bon esprit, le courage et l'éminent service dans ce moment de crise. Royalistes purs, c'est au Sénat que vous redevez votre existence; Républicains, c'est au Sénat que vous devrez votre sûreté; Napoléonistes, c'est au Sénat que vous devez votre conservation; hommes impartiaux et sans passion, c'est au Sénat que vous devez votre tranquillité ; Puissances étrangères, qui en humiliant l'honneur national français, avez pénétré dans Paris, c'est au Sénat français que vous devez l'honneur de votre expédition, et les bienfaits de ses résultats. Sans les actes du Sénat, des milliers de cadâvres eussent terni votre triomphe; vos lauriers, humilians pour nous, n'eussent jamais mérité notre admiration et notre reconnaissance, mais bien notre haine et notre indignation. L'honneur des couronnes, le rang de Napoléon admis par vous au nombre des Souverains, les égards dûs à l'illustre et puissante Maison d'Autriche, eussent entravé vos desseins, et défendu à votre propre sûreté de détrôner un Monarque, reconnu même pour redonner le sceptre à un Monarque qui avait sans doute des droits respectables à faire revivre, mais que vous avez longtems abandonné et relégué hors de vos rangs. Le Sénat vous a applani la route; il s'est permis de parler au nom du Peuple Français; fondé ou non, il a réussi ; et cette souveraineté du Peuple Français, que vous avez bien voulu reconnaître dans le Sénat, vous a fait considérer comme légitimes la déchéance qu'il a prononcée, et qui a facilité, sans secousse, le retour des Bourbons dans leur patrie. Vous n'avez vu, vous n'avez voulu voir, dans cet acte régulier ou non, que le salut du Peuple Français, que le salut de l'Europe; et vous l'avez approuvé à cause des avantages qu'il offrait au salut commun. Voilà ce que la raison m'apprend, ce que la raison de mes concitoyens reconnaît : et vous ne devez pas mal juger ma nation, si quelques folliculaires méprisables, qui la veille encensaient encore Napoléon, par tout ce que le langage a d'expressions adulatrices, osent, quand la patrie est sauvée, quand l'Europe va enfin respirer, méconnaître le bienfait du Sénat, et accabler lâchement de leurs injures, l'homme extraordinaire qui dans sa tombe politique ne peut pas se défendre. La Nation française les désaprouve, et le bonheur d'avoir recouvré un bon Roi, qui va perpétuer son espèce par l'exemple de votre magnanimité, ne pourra que les accabler de tout le poids du mépris que vous partagerez avec les bons esprits reconnaissans, qui savent apprécier les causes et les résultats des grands et miraculeux événemens dont nous venons d'être témoins.

Disons-le encore une fois aux imprudens ou coupables adversaires de l'acte constitutionnel. LE SENAT A SAUVÉ LA PATRIE! la part de chacun est faite, et surtout celle de l'humanité!

et rien n'est plus vil, moins généreux et moins reconnaissant que d'attaquer un acte dont on est forcé de reconnaître la sagesse dans ses autres dispositions, et de l'attaquer seulement SUR UN PEU D'OR, SUR L'ARTICLE VI! que la politique approuve et que le peuple sanctionnera comme les autres : il en a seul, en effet, le droit; le Roi ne pouvant pas plus donner, que le Sénat ne pouvait prendre.

Certes, on ne doit pas plus composer sur la raison et la générosité, que sur les principes hors desquels tout est abîme et dangers. Les principes ont voulu et veulent l'acte constitutionnel adopté par le Sénat; lui seul pouvait le présenter au Roi et au peuple : aucune autre autorité, aucune puissance n'était, dans ce moment pressant, compétente pour s'en charger. Ce n'est pas le Sénat qui en est l'auteur; il ne s'en est pas mêlé; il l'a seulement adopté : quel en est donc l'auteur? Je me borne à dire que ce sont les principes éternels de tout Gouvernement libéral; que c'est le salut public, forcé de prononcer SUR L'HEURE par les événemens; que c'est l'intérêt bien entendu de l'Europe entière, qui veut, qui doit exiger qu'enfin en France le peuple, abstraction faite de quelques esprits inquiets et isolés, vive bien avec son Roi, et que le Roi vive bien avec son peuple. Je dis, je soutiens que tout est bon dans ce que contient cet acte, et que les accusations élevées contre l'article VI sont basses, honteuses, misérables, et cachent des projets de trouble et d'anarchie. Que le Sénat conserve une dotation plus ou moins forte, cela importe peu au salut public. La garantie des pouvoirs, leurs bâses essentielles, la réunion de tous les élémens qui constituent la force publique, voilà ce qu'il était important d'établir; voilà ce qu'il est digne de discuter; voilà cependant sur quoi des pamphlétaires superficiels ou mal intentionnés gardent le silence pour ne combattre qu'une misérable dotation qu'un grand peuple doit à sa dignité de sanctionner. J'avancerai hautement que ces écrivains, qui ne s'occupent même pas des dispositions relatives à l'honneur, aux prérogatives du trône, comme de celles qui concernent les libertés et les prospérités du peuple qui en sont inséparables, pour n'attaquer que l'article VI, *ne conserveraient peut-être de toute la Constitution que ce même article, s'ils étaient Sénateurs.*

L'HÉRÉDITÉ! LES DOTATIONS! quel crime en effet! Donc il ne faut pas de constitution: il faut le pouvoir despotique d'un seul ! il faut le pouvoir populaire de plusieurs ! L'autorité du Roi insulte aux libertés du peuple ; les libertés du peuple insultent aux droits imprescriptibles des Bourbons de dominer la France. Et voilà précisément l'anarchie qui résulte du conflit de ces deux opinions ; et voilà précisément ce que veulent ces écrivains pervers, ce que peuvent amener, contre leur intention, les écrivains de bonne foi, mais trop aveugles, qui attaquent le projet de constitution. Ces derniers ne se doutent malheureusement pas combien ils servent les ambitions désorganisatrices des premiers. Mais où sommes-nous ? d'où venons-nous? Nous sortons d'une abîme, et nous sommes sur un volcan. Y resterons-nous ! ! ! La mort est sous nos pas. EH ! QUI PEUT SONDER LES PROFONDEURS DE L'AVENIR ? La constitution est bonne et sage en soi, même l'article 6, que la modestie, le désintéressement de certains Sénateurs ont, dit-on, un moment improuvé ; mais dont la convenance comme l'utilité me sont démontrées. Je répéte que cet acte eût pu être plus parfait ; qu'il contient des omissions importantes sur plusieurs points que j'ai indiqués, et sur d'autres non moins essentiels, comme la dotation de la liste civile, celle des Princes du sang, etc., etc.

Je dis qu'il fallait satisfaire toutes les ambitions, pour les rattacher à la famille auguste, qui seule pouvait contenter par sa présence la majorité des Français, et tuer les prétentions de Napoléon et de sa dynastie. Je dis et je prétends que les cris de tous les genres, qui s'échappent des écrits isolés comme de nos journaux, ne doivent pas suspendre, et encore moins arrêter le mouvement libéral, donné par les puissances alliées, et garanti par le retour miraculeux des Bourbons. Je dis que j'ai vu la plupart de ces écrivains attachés au char de Napoléon, et que je les méprise profondément dans leur défection avilissante ; défection d'autant plus honteuse et à craindre, qu'elle produirait encore de basses adulations envers ce même Napoléon, si des événemens quelconques le ramenaient sur la scène politique de l'Europe. Je dis que rien n'est plus lâche que ces caméléons, et que ce n'est pas d'eux qu'il faut attendre l'honneur et la sûreté du trône et du peuple français, ni la réparation des omissions que présente l'acte constitutionnel.

Je ne fréquente aucun Sénateur ; je ne connais les Bourbons que par l'histoire ; je ne connaissais Napoléon que parce qu'il nous gouvernait, sans avoir aucune relation avec lui. Je n'ai éprouvé que des injustices sous son règne: mais je me tais devant sa célébrité et devant l'intérêt public. Je ne m'attache jamais aux individus, je ne m'attache qu'aux choses; je ne fréquente personne que par mes écrits; je n'écris pour aucun intérêt particulier. Le bonheur de mon pays, la tranquillité des peuples de l'Europe conduisent seuls ma plume; AUSSI LA VÉRITÉ, LES PRINCIPES: voilà mes seuls dieux, mes seuls inspirateurs; et c'est d'eux seuls que j'invoque, non des changemens à l'acte constitutionnel, mais seulement la réparation des omissions qu'il peut contenir. Un changement quelconque, en effet, soit qu'il vînt du peuple qui n'agirait que par de nouveaux agens très à redouter pour la tranquillité publique; soit qu'il vînt du Roi dans ces jours de plaisir et d'enthousiasme sur son retour, rouvrirait les abîmes qui engloutiraient encore les prospérités espérées, prospérités qui ne dépendent aujourd'hui que du bon esprit, de l'esprit libéral des Bourbons, dont le crime politique serait horrible, s'ils pouvaient abuser de notre situation, de notre confiance et de notre dévouement.

Le Roi seul, le bon esprit de Louis XVIII

pourra, j'ôse l'espérer, nous garantir des désastres que ces omissions pourraient causer à l'avenir, en *proposant* lui-même de les réparer par des articles ajoutés à la constitution, avant qu'elle soit présentée à l'acceptation du peuple, et lorsque tout ce qui tient aux bâses sociales aura été prévu et médité par sa sagesse. Oui, c'est à lui à *proposer* le perfectionnement de cette constitution, à son arrivée : il ne saurait donner une plus précieuse garantie de son amour pour le peuple français ; de sa ferme résolution d'éviter les déchiremens à l'avenir, d'ôter à ses successeurs tout moyen, tout prétexte d'abuser du pouvoir suprême. Il n'en abusera pas lui ! il se présente avec une sagesse mûrie par tant d'événemens, par tant d'infortunes, par tant d'épreuves, par tant de méditations sur le fardeau et les dangers du pouvoir ! Il est si près d'ailleurs de Napoléon, dont le despotisme a brisé, comme un verre fragile, l'autorité la plus forte, la plus puissante ! mais ses successeurs, quand même le sang des Bourbons ne voudrait pas se démentir, ne seront-ils jamais entraînés au-delà des bornes par de perfides conseils, par les zélés mais faux défenseurs du trône, qui ne veulent qu'abuser eux-mêmes à leur profit, et se rendre inviolables à l'abri des excès du pouvoir ? car les Rois que l'on est toujours trop prêt à accuser, à condamner, portent trop souvent dans le cœur indigné des peuples, la peine due aux crimes de leurs conseils et des coupables, des adroits courtisans, à qui ni les vertus divines de Louis XVI, ni le génie de Napoléon n'ont pu échapper. Quelques voix imprudentes ou spéculatrices se permettent déjà de réprouver toute constitution, d'anéantir toutes nos lois, et veulent remettre à Louis XVIII et à ses successeurs le pouvoir souverain; le rendre un Monarque absolu; vils esclaves ou hypocrites, lâches corrupteurs, qui par imprudence ou par calcul, ou par le regret d'avoir vu renverser les dernières tyrannies, voudraient entraîner l'auguste maison qui nous est rendue, au-delà du but, et préparer ainsi sa chûte, avant même qu'elle soit raffermie sur le trône. Sa sagesse, sans doute, apercevra ce piége criminel et fatal, quelle que soit l'intention qui le dispose.

Aveugles partisans du pouvoir absolu, et de l'ancienne monarchie, si incohérente dans toutes ses parties, devenez sages, si vous êtes de bonne-foi attachés à l'auguste famille des Bourbons. N'oubliez pas que notre Roi, aussi infortuné qu'illustre, ne doit son retour parmi nous qu'à des événemens miraculeux, qui surpassent la pensée des hommes les plus calculateurs sur les chances de la fortune, de la politique, et même de la réunion des forces de toute l'Europe qui avaient souvent échoué dans une semblable entreprise. La foudre peut encore tomber sur vous, si l'hypocrisie vous conduit dans vos vœux coupables pour le pouvoir absolu, qui deviendrait le tombeau de ceux que vous paraissez desirer pour maîtres, lorsqu'ils ne doivent et ne veulent être que vos Rois selon la loi. LE SIÈCLE NE PEUT PAS RECULER! les Rois de l'Europe eux-mêmes l'ont devancé et hâté sa marche éclairée par le cœur, le génie et l'esprit humain. Profitez de ses lumières, si vous voulez sincèrement le bonheur de votre patrie, et ne les attaquez pas; car elles vous dévoreraient. Voyez cette classe d'hommes célèbres dans le militaire comme dans le civil, qui, sortis de la foule de ce que vous appeliez jadis le *tiers-état*, sont montés aux premières dignités, couverts de lauriers cueillis au champ d'honneur, ou honorés des palmes civiques, obtenues dans leurs fonctions. Ceux-là sont les vrais amis du Roi, parce qu'ils le sont de leur pays; ceux-là défendront leur Roi en défendant leur pays; ceux-là enfin ne veulent obéir qu'à un Roi régnant au nom de la loi, qui doit être l'origine, la colonne et la fin de la puissance suprême. On fait tout par le peuple et pour le peuple; sans lui et contre lui on s'abîme dans le néant. Qu'un faux zèle, que d'absurdes prétentions se taisent donc! celui-là deviendrait criminel dans l'église, dans l'épée et dans la robe, qui voudrait chercher à corrompre les assurances libérales et des puissances libératrices, et de notre bon Roi, et de son illustre précurseur.

Non, jamais! et j'en jure par l'auguste famille qui nous est rendue, pour remonter sur l'un des premiers trônes du monde, jamais nous ne verrons le clergé former un état dans l'état, une noblesse souveraine sur ses égaux et sous un Roi, seule autorité suprême; des provinces étrangères par des lois, des mœurs, des usages, des droits différens, aux autres provinces voisines et faisant partie de la France; un Français enfin aux genoux d'un autre Français. Ceux-là payeront leur entreprise de leur chûte, qui oseront attaquer l'égalité des droits, attenter à la sûreté, à l'honneur, à la puissance du Monarque, en essayant de lui faire violer le pacte social. Si le clergé se borne à s'occuper de la religion, à suivre, à prêcher, à faire aimer ses lois divines; si la noblesse, tant ancienne que nouvelle, veut reprendre et maintenir son lustre par de nouveaux services rendus à la patrie, l'un et l'autre ne se mettront au-dessus des autres classes du peuple, que par leurs vertus, leurs actions d'éclat, leur dévouement au bonheur, à la tranquillité de leurs compatriotes, leur fidélité envers leur Roi, organe suprême de la loi, qui seule fait sa puissance et sa sûreté : tout est danger, tout est abîme hors de ce cercle. Taisez-vous, passions aveugles, orgueil, ambition, jouets éternels des vices du cœur, taisez-vous devant de si grands intérêts! Ministres de la religion, n'ambitionnez plus que l'honneur des autels! Noblesse, ne cherchez votre illustration que dans votre amour pour la patrie et pour son Roi, et dans le seul éclat de vos actions! Peuple, que je semble classer en dernière ligne, mais qui avec les deux autres, formez l'état, et faites la force réelle du sceptre, unissez-vous tous autour du trône des Bourbons, qui ne veulent régner que pour vous et par vous; parce que vous seuls êtes les soutiens de leur puissance, comme vous êtes l'objet de leur sollicitude paternelle et de leurs bienfaits!

O Bourbons! ô mon Roi! remplissez la carrière céleste qui vous est ouverte par les augustes

Alliés, par le cœur des Français. Profitez de ce miracle inespéré, qui a retiré de l'abîme et votre peuple et votre trône, qui pouvait être à jamais perdu pour vous, depuis l'avénement de Marie-Louise d'Autriche au trône impérial ; si l'abus le plus insensé comme le plus cruel de la puissance et des plus étonnantes prospérités ne vous l'eût rendu. Que l'immortalité recueille la magnanimité d'Alexandre, sauveur de la France et de l'Europe, auteur de la paix et du bonheur des hommes, dont les cœurs vont devenir autant d'autels élevés à sa gloire. Oui, Alexandre est entré à Paris en conquérant, non comme le héros de Macédoine, ni comme Cœsar, ni comme ........ c'est Alexandre de Russie, qui a conquis le titre de BIENFAITEUR DES HOMMES!

O mon Roi ! quel sublime exemple Alexandre vous donne en vous rétablissant sur le trône de vos péres ! il fonde le bonheur de votre peuple : vous n'avez plus qu'à le maintenir, qu'à le conserver ; et c'est le but de la grande intention de votre divine famille ; la sublime et bienfaisante volonté des Puissances de l'Europe. Ecartez de votre trône tous ces êtres rampans et inquiets, qui, aprés avoir successivement, pendant vingt-cinq ans, encensé les chefs des différens régimes dans leur puissance, et les avoir dénigrés après leur chûte, pourraient gâter vos bienfaisantes inclinations par de fausses idées de grandeur et de gloire; qui, sous le prétexte de l'honneur et des prérogatives du trône, affaibliraient vôtre qualité précieuse de père, pour augmenter vôtre puissance à leur profit, et en abuser en votre nom auguste. Elle sera immense et sans bornes cette puissance, tant que vous régnerez par la loi sanctionnée par vous, tant que vous vous appliquerez à régner sur les cœurs plutôt que sur les hommes. Gloire solide, jouissance pure de la Majesté royale, qui ne se trouve ni dans les camps du conquérant, ni dans l'abus du pouvoir.

J'oserai, humble sujet, (et daigne votre Majesté pardonner à ma respectueuse franchise, et ne pas la considérer comme une témérité.) j'oserai ajouter quelques observations qui me paraissent également sérieuses, essentielles, et qui sont dictées par l'expérience et par quelques connaissances acquises dans l'administration et l'étude du cœur humain. N'innovez pas, ô mon Roi, par la seule satisfaction de détruire ce que vous n'auriez pas fait vous-même, et ne créez que ce qui vous sera démontré nécessaire autant qu'utile. Conservez et ne détruisez pas, à moins que l'avantage et le soulagement de votre peuple ne vous en indiquent le motif. Soyez surtout le ferme, le sévère soutien des lois que vous allez jurer de maintenir. Leur inexécution, si vous la tolériez, dans l'espoir d'accroître votre puissance, enhardirait les factieux, que vous ne pourriez plus ensuite retenir. L'ESPRIT FRANÇAIS N'EST PLUS COMME IL ÉTAIT IL Y A TRENTE ANS! il faut bien oser vous le dire en sujet dévoué : l'exaltation est encore et sera longtems dans toutes les têtes comme dans tous les cœurs, par les événemens même aussi étonnans qu'immenses, qui pendant vos augustes infortunes, ont préparé tant de faits extraordinaires à l'histoire des vertus brillantes, comme des crimes atroces; et si les rênes de l'Etat sont un instant relâchées, c'en est fait encore de l'ordre public et du pouvoir. L'administration existante a de puissans ressorts; il ne s'agit que de leur conserver leur force, et d'en punir franchement les écarts, quels qu'en soient les auteurs. La constitution acceptée par le Roi, sous l'Assemblée constituante, lui donnait une grande puissance qui pouvait l'aider à tout réparer, si elle eût été maintenue avec vigueur, tant contre le Corps-Législatif que contre les factieux de toutes les classes. Mais le trône la laissa attaquer de toute part. Son pouvoir s'affaiblit alors de jour en jour; et ses bases, minées par tous les partis opposés qui ne semblaient s'entendre que pour la détruire, firent tout crouler au profit de l'anarchie qui s'éleva sur ses ruines, et innonda la France de désordres et de crimes de tous les genres jusqu'au dix-huit brumaire. Frappez donc d'opprobre et d'indignation tout esprit adulateur qui, sous le spécieux prétexte de l'honneur et des prérogatives du trône, vous ferait un instant laisser flotter les rênes de l'Etat, que la Providence a remises dans vos mains. Sachez, ô mon Roi, profiter du passé, pour le repos et le bonheur de l'avenir. Napoléon avait fondé un Gouvernement robuste, que lui seul a pu détruire; ses alentours en ne l'occupant que de sa gloire mal dirigée, en ne flattant que ses goûts ambitieux, l'ont aveuglé au point de lui faire méconnaître la loi de l'état, la loi et la sûreté des autres nations; et sa chûte en a été le juste résultat. La nouvelle constitution qui vous rend votre trône, vous rend aussi un Monarque puissant; elle seule peut soutenir et même accroître votre puissance, si elle est fortement et rigoureusement maintenue, tant contre le Sénat et le Corps-Législatif, que contre vous-même. Des cris d'indignation et de douleur se feront peut-être entendre au pied de votre trône, contre Napoléon ; sachez en distinguer et les auteurs et leurs motifs. Napoléon, avec les grandes pages de sa carrière étonnante de gloire et d'avilissemens, de grandeurs et de crimes, d'audace et de bassesses, de prospérités et de malheurs, doit être abandonné à l'histoire ; son nom ne peut pas être prononcé dans votre cour, ni par le blâme ni par l'éloge. L'histoire seule se réserve son jugement, que les passions et les intérêts des contemporains nous défendent de prononcer. On l'a loué dans un tems ; vous-même, ô mon Roi, l'avez loué à une époque, du bien qu'il fesait à votre peuple, et si depuis..... mais alors il l'avait sans doute mérité. Votre propre gloire exige que vous ne souffriez pas les comparaisons dans le bien comme dans le mal qu'il a fait, puisque vous voulez surpasser l'un dont vous l'avez remercié en faveur de votre peuple, et que votre intention magnanime est de réparer l'autre.

Pour parvenir à ce but (daignez me permettre, ô mon Roi, de continuer), plus de guerre, plus de sang ! assez et trop longtems l'Europe en fut inondée. Vous avez cependant encore des ennemis à combattre, mais sur lesquels votre grande âme vous assure déjà la victoire. LES SOUVENIRS DOULOUREUX, LE POUVOIR DES REPRÉSAILLES,

LES MOYENS DE VENGEANCE, voilà ces ennemis. Bravez, terrassez ces monstres odieux, que les passions indignes d'un trône paternel enfantent, et que la magnanimité doit enchaîner;

Sublimes Souverains de l'Europe, tous convoqués à Paris par le bonheur et le repos de l'humanité, que de gloire et quel lustre vous répandez par votre présence, sur la Capitale de la France! quelle pensée magnanime vous conduit en même tems! c'est dans le lieu même où naquirent les orages, qui depuis vingt-cinq ans ont ravagé l'Europe, que vous venez fonder de beaux jours; c'est sur le foyer même de la guerre, que vous venez planter l'olivier de la paix qui doit ombrager tous les peuples. L'âme s'agrandit, l'imagination ne connaît plus de bornes, l'enthousiasme est à son comble, à la vue de ces Potentats magnanimes, réglant sur l'amour de l'humanité les destinées de tous les peuples, en respectant les intérêts de chacun. Il faut, ont-ils proclamé : QUE LA FRANCE SOIT GRANDE ET FORTE! En effet, ainsi le veulent la balance politique et la tranquilité de l'Europe. Ah! continuez à être généreux, souverains arbitres de nos destinées; que l'empire des Bourbons soit en effet grand et fort; que les intérêts de tous les états soient en même tems fixés et équitablement réglés, et qu'aucun prétexte ne soit laissé à l'ambition, mère cruelle des dissentions, pour troubler encore le repos des peuples. Tous les Gouvernemens Européens ont assez prouvé, depuis vingt-cinq ans de guerres renaissantes, la bravoure de leurs soldats, la gloire de leurs armes ; tous ont moissonné des lauriers nombreux et brillans au champ d'honneur, et tous avouent que la France, dans l'intérieur comme à l'extérieur, a cueilli des palmes glorieuses, et qu'elle a surtout élevé au plus haut dégré l'honneur de ses armes. Mais ces lauriers, ces palmes ont été arrosés par des torrens de sang humain ! Que ce torrent soit tari ; que par un accord solennel, dans Paris même où les troubles et les ravages de l'Europe ont pris naissance, toute haîne, toute ambition exagérée soient éteintes, et que le traité unanime des Puissances porte : QUE L'HUMANITÉ VA RESPIRER ET JOUIR D'UN LONG REPOS ! QUE TOUS LES SOUVERAINS DE L'EUROPE DÉCLARENT QUE DE LEUR VIVANT IL N'Y AURA PLUS DE GUERRES ENTREUX, *et que si l'un d'eux se se permettait de troubler la paix par des prétentions assez injustes pour qu'une médiation ne pût pas les satisfaire, tous les Souverains se ligueraient contre lui, pour lui faire subir le sort de Napoléon*, QUI A PRÉFÉRÉ PERDRE DEUX COURONNES, QUE DE DONNER LA PAIX ET LE BONHEUR AUX PEUPLES QU'IL GOUVERNAIT. O magnanimes Souverains, soyez pères plus encore que Rois, et QUE VOTRE SAINTE LIGUE, QUI VOUS A CONDUITS AU SEIN DE LA FRANCE, SOIT TOUTE POUR LE BIEN DES HOMMES.

FIN.

www.ingramcontent.com/pod-product-compliance
Ingram Content Group UK Ltd.
Pitfield, Milton Keynes, MK11 3LW, UK
UKHW031951260826
14628UKWH00004B/1995

9 782012 974074